Ln 27/17725

DÉDICACE

D'UN

ERRATA,

A UN GRAND HOMME

DE SECONDE ORIGINE.

A Roëderer,

Membre (a ce que l'on croit)
de l'Institut National;
Protecteur des Journaux,
qui appartiennent
non aux Hommes, mais aux Places;
et Destructeur
du Journal de Paris,
qui lui appartient a lui-meme;
l'un des Quarante
d'une Académie Française
qui n'a duré qu'un jour;
destiné a devenir Associé
de la Société Royale de Londres,
s'il avait aimé son Roi;
et Correspondant
de la Société Républicaine
de Philadelphie,
s'il avait aimé une République.

DÉDICACE
D'UN ERRATA.

ILLUSTRE ARISTARQUE du Dix-neuvième Siècle, qui, pendant dix ans, as créé péniblement des Pamphlets pour protéger tes Lois, et des Lois pour servir de sauve-garde à tes Pamphlets, permets à un jeune débutant dans la carrière des Lettres, qui voudrait, à ton exemple, arriver aux grandes Places par de petites Brochures, de te dédier son premier Ouvrage.

Cet écrit n'est point d'une étendue faite pour flatter la vaste érudition que tu t'attribues incognito, dans les Opuscules anonymes que tu publies : ce n'est qu'un mince Errata, qu'on serait tenté de croire sorti du marbre poudreux d'une Imprimerie : mais un goût sévère exige qu'on proportionne à la grandeur du Mécène celle de la Dédicace : on peut dédier une feuille *volante à un atôme de puissance littéraire, tandis qu'un colosse a droit à l'hommage d'une Encyclopédie.*

Au reste, un Errata bien fait n'est point un Ouvrage vulgaire : un homme de goût qui aurait la patience de rectifier les erreurs littéraires du Journal d'Economie Politique, que tu as créé et mis à mort, ainsi que celles du Journal de Paris, qui se traîne lentement à l'ombre de ton grand nom vers le fleuve du Lethé, un tel homme, dis-je, mériterait bien de ses lecteurs : et d'ailleurs l'Ouvrage acquérerait alors par son poids une importance qu'il ne pouvait avoir par son titre : car l'Errata de quelques-unes des feuilles dont tu gratifies les Caffés de Paris, les bureaux des Ministres et les antichambres des Fournisseurs pourrait bien s'élever à quelques Volumes.

Je suis, si ne me trompe, (car le mot d'Errata est toujours au bout de ma plume), le sincère admirateur de ton génie et de ton courage.

NEPOMUCÈNE ABAUZIT:

(Mes titres se trouveront à la fin de mon Ouvrage).

ERRATA
DU JOURNAL DE PARIS.

Le Journal de Paris, comme les Planètes de notre Système Solaire, a éprouvé un grand nombre de vicissitudes. Né en 1777, il a passé, depuis cette époque, par toutes les Phases que pouvait comporter son existence éphémère : substantiel avec Garat, froidement ingénieux avec Condorcet, insignifiant sous la plume de la plupart de ses coopérateurs, il s'est d'ordinaire traîné dans les ornières de l'adulation, pendant le long règne de la Démagogie. C'est à cette absence de caractère que ce papier public doit d'avoir traversé, sans froissement, tous les orages de la Révolution française ; s'il n'avait pas pris servilement toutes les formes que lui commandait la puissance, caressant tantôt le Dieu de Bélial, tantôt celui d'Israël, détruisant le soir les autels que le matin il avait élevés, il n'aurait pas vécu plus long-tems que les *Sottises de la Semaine*, l'*Invisible* ou le *Miroir*.

A l'avènement du beau Régime Consulaire, le héros de cet Errata partageait obscurément avec Corancez, la souveraineté du Journal de Paris : c'était Romulus et Rémus qui régnaient sur des cabanes avant que Rome fût bâtie : le premier, qui pressentait ses hautes destinées littéraires, proposa à son frère de lui abandonner la moitié de sa monarchie : sur sa résistance, il fit parler la première des lois du monde civilisé, la loi de la force. Rémus céda et mourut ; car les Rois de la Littérature, comme ceux de la Politique, n'ont plus de vie dans leurs Etats, quand ils n'ont plus de Couronne.

Le conquérant du Journal de Paris vint en triomphe prendre possession de sa conquête : il lui donna une Constitution pareille à l'ancien Code Noir des Colonies ; Constitution d'après laquelle il n'y eut plus que deux castes d'hommes dans l'empire littéraire : les Blancs, ou les admirateurs du Grand-Homme, et les Nègres, ou ceux qui se permettaient de fronder les Athées de Gouvernement, les Sophistes et les Idéologues.

Malheureusement la République des Lettres n'aime pas plus à être régie par des Despotes que par des Eunuques : peu à peu la nouvelle Colonie se dissipa; les Souscripteurs du Journal de Paris désertèrent, et l'on pressentit le moment où ce fameux papier public, originairement le Journal des boues et des lanternes, n'aurait plus d'autres lecteurs que Roëderer et le Prote de son imprimerie.

Mais quand la fortune s'endort, le génie s'éveille : le Législateur du Journal de Paris réfléchit que le Parisien, naturellement facétieux et goguenard, ne se trouvait dans son élément, que quand on donnait sans cesse une nouvelle pâture à sa malignité : cette pâture, il y a vingt ans, était du sel attique. Malheureusement la Révolution, qui a outré tout en voulant tout perfectionner, ayant changé ce sel en fiel, il a fallu, puisque la joyeuse malignité du Parisien était devenue de la férocité, le nourrir à la façon des

Cannibales; et d'après cette observation, il a été statué que le Journal, où Louis Chénier et Garat s'escrimèrent quelquefois avec le fleuret léger de la critique, serait converti en un foyer de libelles (1).

Les libelles ont, en effet, retardé un peu depuis depuis dix-huit mois, la chute entière du Journal de Paris, que son abjection sans but, et son adulation sans talent avaient depuis long-tems frappé de mort. Les Souscripteurs sont revenus, curieux de savoir, d'abord, comment une fabrique de poisons littéraires avait frayé les voies à la puissance, et, ensuite, pourquoi la Puissance avait eu besoin pour se maintenir, de descendre à organiser des poisons.

Parmi tous ces libelles, qui ont amusé un jour la malignité cynique de Diogène, sans

―――――――――――――――――――

(1) Il faut être juste : aujourd'hui même tous les coopérateurs du Journal de Paris ne sont pas des Roëderer : on y glisse de tems en tems, à l'insçu du maître, quelques articles bien-faits : il y a en particulier un Homme de Lettres, que je ne connais pas, qui signe V, dont les jugemens sont marqués au coin du goût et de la raison.

faire sourire l'atticisme de Lucien, il en est que les amateurs d'anecdotes ont conservé dans un petit coin de leur mémoire, et qu'il faut tirer de l'oubli, où le défaut de logique et de goût les avait condamnés pour jamais.

Il fut un tems, où le Néologue Roëderer trouva très-plaisant de mettre sur la sellette du Journal de Paris, trois fois par décade, son Collègue à l'Institut, Urbain Domergue, pour quelques traces de Néologisme échappées à sa Grammaire ; mais le marteau, tout lourd qu'il était, se brisa sur l'enclume : Domergue est resté Grammairien, et il n'est pas démontré que son adversaire soit resté Homme de Lettres.

Une mode dans Paris est bientôt remplacée par une autre, sur-tout si cette dernière est bien absurde. Personne ne descendant plus dans l'arêne, pour juger les coups que se portaient Urbain Domergue et Pierre Roëderer, ce dernier, pour ne pas laisser rouiller sa lourde massue de plomb, l'essaya, pendant trente-trois jours, sur l'armure de Sébastien Mercier : celui-ci s'était permis quelques petites espiégleries philosophiques contre Locke, contre Condillac, et même contre Newton ; alors la sainte indignation du Patriache des Idéologues s'alluma, il lança toutes ses foudres sur le mécréant, et crut l'avoir terrassé, parce que celui-ci n'avait pas répondu à ses trente-trois défis ; mais si Sébastien Mercier est un pygmée en présence de Locke, de Condillac et de Newton, il est un géant en regard avec Pierre Roëderer ; et le Philosophe aux soixante volumes, a mis à mort, dans les races futures, l'Aristarque aux soixante brochures.

Une des victoires les plus douteuses dont le restaurateur du Journal de Paris puisse s'enorgueillir, est celle dont on voit l'histoire dans la feuille du 25 Brumaire, an 9 de la République : il faut citer l'époque ; car, depuis long-tems, cette ligne de la longue inscription, érigée par lui-même à sa gloire, est effacée : il s'agissait du livre profond et ingénieux des *Principes Naturels*, qu'il était impossible au Critique de lire, et encore plus de faire : le fiel fut versé à grands flots sur cette production du talent ; et comme la Satyre fit un peu de bruit pendant vingt-quatre heures, son Auteur crut voir s'élever, au moins d'une demi-ligne, le piédestal de la statue que les Arts devaient lui ériger.

Mais un évènement singulier mit bientôt des bornes à cette douce illusion de l'amour-propre : on sait qu'il était permis aux soldats de Rome de faire des couplets contre leur Général, le jour même de son triomphe : une jolie femme, qui aimait l'Auteur des *Principes Naturels*, ce qui n'est point difficile à croire, conçut l'idée d'une plaisante épigramme contre Pierre Roëderer, qui ne lui plaisait point, ce qui n'est pas plus difficile à imaginer ; ce fut d'écrire, sous son nom d'Alexandrine de Kervenosaëld, arrière petite-fille de Descartes, une réponse au conquérant du Journal de Paris, où elle se jouait de lui, avec toutes les graces, soit de son sexe, soit de son talent; elle avait l'air de ne combattre que Fortia d'Urban, le Sancho-Pança de ce Dom Quichotte littéraire ; mais c'était vraiment ce dernier qu'elle immolait à la risée publique, sous le voile de l'apologue. Pierre Roëderer n'a pas les yeux d'Argus, quoiqu'il en ait un grand besoin pour se conduire dans les landes de l'Idéologie ; il ne vit point le piège qu'on lui tendait, et il laissa insérer la plaisanterie toute entière dans la feuille du 3 Floréal ; ce qui amusa singulièrement le petit nombre d'hommes de goût, qui ne lisent les feuilles périodiques que pour avoir le droit de les refaire.

Je n'aime pas beaucoup à dérober au fleuve de l'oubli, les feuilles satyriques, que leur poids y a précipitées ; mais il en est une dont je suis tenté de donner l'analyse, à cause de la célébrité de l'Ouvrage qu'on y loue à la manière des Garasse et des Gacon : il s'agit du charmant badinage échappé à Pierre Roëderer, contre le *Mémoire en faveur de Dieu*, qui a eu le malheur de scandaliser ces hommes-forts, qu'on appelle les Athées de Gouvernement, et de faire couler quelques larmes de plaisir au vulgaire des gens de bien.

Voici comment s'exprime l'*Homme-fort*: il l'est en effet dès la première ligne ; et il l'est (aux juremens prés) à la manière du Père Duchesne, qui, comme l'on sait, mettait à mort tous ceux que sa plume pouvait atteindre.

« *Mémoire en faveur de Dieu !* Ce titre
» insolent, je dirai presque sacrilège, est-
» il une folie, est il une sottise ? le livre
» qu'il annonce est-il une nouvelle dérision
» des croyances religieuses, une nouvelle
» insulte à l'objet de toutes les Religions,
» ou une déclamation misérable ?

Peut-être cet Exorde paraîtra-t-il un peu *fort* à l'homme de goût qui observe les convenances ? La Motte, dans des tems plus heureux, ne commençait pas ainsi son plaidoyer contre Madame Dacier, ni le véhément Bossuet ses Mandemens contre Fénélon : il faut graduer un peu l'intérêt dans son style et même le ton de ses injures. Si l'on met sa catastrophe dans son Exorde, on court le danger de ne mettre que de la niaiserie dans sa Péroraison.

Peut-être cette espèce de force que Pierre Roëderer appelle l'énergie de Juvenal, et qui n'est dans l'opinion publique que de la virulence, a-t-elle le droit d'étonner, quand on en fait usage contre un Homme de Lettres, qui ne se permit jamais un seul trait de satyre : contre un Homme de Lettres, tellement connu par le mélange heureux de la décence et du courage, que sa personne est respectée des Démagogues, lors même que sa plume foudroye la Démagogie.

Peut-être enfin, ce titre de *Mémoire en faveur de Dieu*, contre lequel l'Ingénieur, je ne dis pas l'ingénieux Roëderer a épuisé dès son premier assaut, toute sa grosse artillerie, pouvait il au fond se justifier ? car enfin, si depuis le dix Août 1792, époque mémorable pour le Critique, jusqu'au dix-huit Brumaire 1799, époque mémorable pour la France entière, les Athées ont fait, sans la plus légère réclamation, près de soixante Mémoires contre Dieu, il semblerait naturel qu'un Croyant eût la liberté d'en faire un de son côté en sa faveur. L'Auteur d'un pareil plaidoyer n'est pas en lui-même plus *insolent* que ne l'était Tertullien, quand il écrivait son *Apologie* de la Foi ; et les Pascal, les Abbadie et les Addisson quand ils se sont permis de défendre la Religion de leurs pères, contre les Athées de leur pays, contre ses Ecrivains immoraux et ses Idéologues.

Mais il ne s'agit pas ici de plaider avec des *peut-être* la cause du titre d'un Ouvrage : il est très-vraisemblable que Pierre Roëderer, qui lit, avec tout le scrupule de la conscience littéraire, les trois cents trente-trois volumes qu'il a déchirés ou fait déchirer depuis vingt-sept mois, dans son Journal favori, avait lu en entier le *Mémoire en faveur de Dieu*, avant de dénoncer au petit nombre de ses Souscripteurs, l'*insolence*, le *sacrilège*, la *folie*, la *sottise* et la *déclamation misérable* de son frontispice ; car enfin, il est bien plus naturel de juger par la lecture d'un livre, si le titre lui convient, que de juger par un titre de la *folie* ou de la *sottise* d'un Ouvrage.

Or, il n'y a personne dans Paris, excepté peut-être Pierre Roëderer, qui ne sache que le *Mémoire en faveur de Dieu*, respire, depuis la première ligne jusqu'à la dernière, la vénération la mieux sentie et la plus fortement exprimée, en faveur de l'Ordonnateur des Mondes : alors que signifient l'*insolence* le *sacrilège*, la *folie* et la *sottise* de deux ou trois lignes, quand on les met dans la balance avec la décence religieuse, la raison et la sagesse de cinq cents pages ?

Il est vrai que l'Aristarque, qui, pour la première fois de sa vie, s'est senti ce *zèle dévorant pour la Maison du Seigneur*, suppose que son débordement de pieuses injures ne doit être regardé que comme *la première question que se fait à lui-même un homme de bon sens*, à l'inspection d'un pareil titre ; mais un lecteur qui n'est ni sophiste, ni idéologue, trouvera toujours très-singulier qu'un *homme de bon sens* parle, à la vue de quelques syllabes, le langage d'un énergumène, et encore plus que Pierre Roëderer adopte le masque d'un *homme de bon sens*, pour légitimer ses *déclamations misérables*, ses *folies* ou ses *sottises*.

Pierre Roëderer, poussé dans ses derniers retranchemens, dira, sans doute, qu'en mettant à part l'inconvenance de sa lourde Philippique, il restera toujours démontré, qu'il y a du poison dans le rapprochement de ces mots, si étonnés de se trouver ensemble : *Mémoire en faveur de Dieu* : mais Pierre Roëderer, battu pour les formes, doit l'être encore pour le fonds ; car enfin, s'il avait lu ce malheureux frontispice tout entier, il aurait vu l'antidote à côté du poison. L'auteur a choisi pour Epigraphe ce verset du Prophéte-Roi :

Dixit insipiens in corde suo ; non est Deus.
L'insensé. . . . .
Interroge son cœur, et se dit : Dieu n'est pas.

d'où il résulte bien évidemment que dans l'esprit de l'Ouvrage, l'*insensé* seul cherche à détrôner Dieu, et, par conséquent, que le titre de *Mémoire en faveur de Dieu*, avec une pareille épigraphe, n'est point une *dérision des croyances religieuses, une insulte* à *l'objet de toutes les Religions*, et une *déclamation misérable*, comme le dit, dans sa diatribe virulente, le Pére de l'Eglise du Journal de Paris, et l'Athanase des Idéologues

Mais laissons Piere Roëderer *interroger son cœur*, sur le délit d'avoir séparé le frontispice du livre proscrit, de son Epigraphe, et espérons qu'au retour du Christianisme dans ses antiques foyers, il se reconciliera avec le Prophète - Roi, quoiqu'il déteste les Rois, et que jusqu'ici il ne se soit montré, soit en politique, soit en littérature, que mauvais Prophéte.

Je termine cette digression un peu longue sur un titre, en témoignant mon regret sur ce que Pierre Roëderer, comme le Narcisse de la fable de Lafontaine, *s'aime, sans avoir de Rivaux* : car, s'il avait eu des *Rivaux-amis*, comme en ont les Chefs de notre saine Littérature, ils lui auraient proposé des modèles, dans ce genre si aisé de critiquer un livre sur un frontispice; l'illustre Sicard s'est- aussi permis d'attaquer, dans l'*Année Littéraire*, la première page du *Mémoire en faveur de Dieu;* mais avec quelle décence, avec quelle sage impartialité ! une douce persuasion découle de sa plume : il n'y a point d'homme de goût, qui ne desire d'être éclairé par un tel juge, qui ne mette sa critique au-dessus de toutes les éloges.

" L'Ouvrage de M. de l'Isle de Sales, dit
,, le judicieux Quintilien, est digne de sa
,, grande réputation, il s'y montre à la fois
,, éloquent et bon politique : la cause qu'il
,, a embrassée était la plus belle qu'on pût
,, plaider ; mais celui qu'il entreprend de
,, défendre, a des avocats bien supérieurs
,, à lui, ce sont ses ouvrages : ce sont le
,, ciel et la terre : ce sont toutes ces mer-
,, veilles de la création que les Athées ne
,, voyent pas, parce que leur esprit est
,, fermé à la lumière . . . . .

» Le défenseur éloquent de l'existence de
» Dieu est aussi un des meilleurs hommes du
» monde, un des meilleurs esprits : il croît
» et professe tout ce qui n'exige qu'une sorte
» de foi humaine, fondée sur des faits, et sur

» la base inébranlable d'une logique uni-
» verselle ; dont il connaît toute la vi-
» gueur ; mais il faut plus que de la raison
» pour croire au Fils de Dieu : c'est à
» nous qui aimons M. de l'Isle de Sales
» comme l'ami le plus tendre et le plus
» généreux, à demander pour lui la grace
» qui le rappelle à une Religion, dont sa
» belle ame pratique sans effort les vertus
» sublimes «.

Il est difficile d'imaginer un plus grand saut, que de passer de la logique onctueuse du célèbre Instituteur des Sourds-Muets, à la déraison lourde et *insolente* de l'Instituteur des Idéologues ; cependant il faut *interroger* encore un moment le *cœur* du dernier, pour voir avec quelle adresse il se ment à lui-même, en rendant odieuses en politique, des phrases qui ne sont du ressort que de la Religion.

« On lit dans l'Ouvrage, dit le Critique,
» que pendant quatorze cents ans, la France
» s'est consolée avec Dieu des crimes de sa
» Noblesse et de la tyrannie de ses Rois ».

Il est évident que ces lignes ainsi isolées tendent à jeter une teinte de démagogie sur l'éternel ennemi des Démagogues ; et le Pontife de Baal en avait besoin pour répandre quelques semences de division dans le camp d'Israël : mais voici le vrai texte, et le Lecteur jugera.

« Il y avait quatorze cents ans que la
» France, de concert avec tous les grands
» Empires qui ont fleuri sur la surface du
» globe, avait une Religion : tranquille au
» sein de la paix, elle s'enorgueillissait d'un
» Dieu tutélaire, qui maintenait l'harmonie
» dans son sein. Déchirée par les guerres ci-
» viles, (*observez qu'il ne s'agit point ici de la Révolution française, qui s'est opérée sans guerre civile*), elle se consolait avec lui
» des crimes de sa Noblesse (*pendant les déchiremens de la Féodalité*) et de la ty-
» rannie de ses Rois (*des Clovis, des Louis XI, des Charles IX*) : quelques fussent les
» opinions politiques des hommes, dont le
» pouvoir pesait sur elle, tout le monde
» s'accordait à admettre des opinions reli-

» gieuses ; on se divisait autour du Trône,
» on se réunissait auprès de l'Autel ; l'Empire
» se partageait devant des Maîtres, mais en
» présence de l'Ordonnateur des Mondes, il
» ne formait qu'une seule famille.

Que dire de cette charmante Escobarderie ? Pascal où êtes-vous ? et quelle rôle aurait joué le Garasse du Journal de Paris, dans vos immortelles Provinciales ?

Pierre Roëderer, de l'apostrophe d'*insolent*, de *sacrilège*, de *déclamateur*, a passé sans gradation, comme nous venons de le voir, à la moëlleuse perfidie des enfans de Loyola. De là il se jette dans le style goguenard, et cherche à saisir, d'une main incertaine, quelques traits de verve échappés à la vieillesse de Fréron.

« Tout le monde connaît, dit-il, les
» bonnes intentions de l'Auteur du *Mémoire*
» *en faveur de Dieu* : quatre-vingt-quatre
» volumes *in*-8.º remplis de ses Ouvrages,
» les ont manifestées à tout l'univers : ses
» Ecrits sont réputés les plus innocens du
» monde ; et si l'on y rencontre quelques

» mots scandaleux, c'est uniquement parce
» que, dans ces tems maudits, les écrits
» innocens ont besoin de causer un peu de
» scandale pour obtenir quelque débit ».

Il paraît que les soixante volumes de l'Auteur de la *Philosophie de la Nature*, (et non pas les quatre-vingt-quatre) ont une autre innocence que celle dont l'Aristarque les gratifie : car *dans ces tems maudits*, c'est-à-dire depuis 1792, jusqu'au Régime Consulaire, ils ne lui ont procuré ni crédit, ni indemnité, ni place : il est resté seul en présence de la postérité, pour qui il écrivait, avec son caractère non-versatil, sa Philantropie qui n'est pas la Théophilantropie Directoriale, et le sentiment de sa dignité.

Il paraît aussi que ces soixante volumes, fruit de quarante ans de travaux, ont eu quelque débit, puisqu'on a traduit les principaux dans les langues étrangères, et qu'il n'en est aucun qui n'ait été imprimé plusieurs fois en France. Le *Mémoire* même *en faveur de Dieu*, se traduit, m'a-t-on dit, en Allemand; et je ne désespère pas, qu'à cause de la célébrité de ce Livre, qui contrarie un peu la célébrité bâtarde de Pierre Roëderer, on ne traduise quelque jour en diverses langues de l'Europe, mon *Errata* avec sa *Dédicace*.

J'aime parfois Pierre Roëderer, parce que sa bile, toujours à contresens, excite mon humeur joviale, et me fait digérer : les beaux jours d'été, dans mes momens de loisir, je cherche dans les maculatures de l'Imprimeur Baudouin, ou sur les pierres d'appui des quais, quelques-uns des Livres immortels qui ont fait la renommée de cet Erostrate ; mais je suis toujours trompé dans mon attente ; ce Grand-Homme n'a jamais fait de Livres. Il ne se pique point du génie d'ensemble ; mais il a disséminé son talent dans une foule innombrable de petites feuilles volantes, de tous les formats, de tous les styles, et sur-tout de tous les partis ; ces feuilles, qui, comme celles de la Sibylle de Cumes, sont les jouets de tous les vents et de tous les orages, si on les réunissait avec les analyses, dont il a enrichi les Journaux, formeraient, dit-on, un corps de quatre-vingt volumes.

Je prie le Libraire Collin, qui m'a vendu en une fois cent vingt volumes, du demi-dieu Marat, et qui ramasse à grands frais, sous les voûtes du Louvre, les collections des beaux génies de la Révolution française, de me réunir toutes les brochures *innocentes* ou *non-innocentes* de Pierre Roëderer, pour remplir de leur métaphysique substantielle, les vides de ma bibliothèque.

Il observera, d'après la Grammaire d'Urbain Domergue, qui n'est pas celle de Pierre Roëderer, que le mot d'*innocence*, quand il s'agit de livres à acheter, a une double acception; que tantôt il signifie *innocence de niaiserie*, comme dans la plupart des Romans dont on nous inonde ; et tantôt *innocence de principe*, comme dans le *Mémoire en faveur de Dieu* et la *Paix de l'Europe*; c'est d'après cette observation, que je propose de régler le prix des œuvres politiques, satyriques, idéologiques de Pierre Roëderer.

Je consens à lui payer quinze francs en monnaye républicaine, pour chaque feuille où il y aura de l'*innocence de principes*, et seulement deux sous en monnaye royale, pour les brochures qui n'offriront que de l'*innocence de niaiserie* : or un grand Géomètre, qui connaît son Roëderer presqu'aussi bien que l'Abbé d'Olivet connaissait son Cicéron, a calculé que, d'après ces données, les deux cents pièces qui forment les quatre - vingt volumes du recueil demaudé à Collin, ne me reviendraient qu'à vingt francs.

J'offre donc, quoique la Révolution aie ôté à Genève, ma Patrie, ses rentes sur Paris, et jusqu'à son atôme de République, j'offre, dis-je, de donner vingt francs à Collin, pour avoir le plaisir de ranger honorablement, dans ma bibliothèque, l'œuvre complette de Pierre Roëderer, entre les *Loisirs* de la Chevalière Déon, et les Romans sans couleur du Chevalier de Mouhy.

L'Errata que je propose ainsi motivé, je vais, sous le bon plaisir de Pierre Roëderer, le réduire à deux paragraphes.

ERRATA.

Article I. — Tout ce qui s'est passé au Journal de Paris, depuis sa conquête sur son Souverain naturel, n'étant que l'ouvrage illégal d'un interrègne, est regardé comme non-avenu.

Art. II. — Il suit du renversement des idées reçues, érigé en principe, dans le Journal de Paris, que tous les jugemens prononcés par le Maître, doivent être pris en sens inverse par le Lecteur, afin que ces jugemens se trouvent en harmonie avec l'opinion publique. Ainsi, toutes les fois que le Grand-Homme écrira de sa main, dans ses immortelles analyses : *voilà de l'esprit de lumières*, lisez : *voilà de l'esprit de ténèbres ;* quand il dira : *ceci est du beau simple*, traduisez : *ceci est du genre niais ;* lorsqu'il décidera qu'un livre qui le contrarie est *innocent*, décidez, de votre côté, que l'*innocence* du livre est toute autre chose que celle de l'*innocence* de Pierre Roëderer.

Imprimé sur les bords du lac Léman, avec les presses qui servirent jadis à publier l'Ecossaise *et le* Pauvre Diable, *l'an 1802 de l'Ere prohibée.*

NÉPOMUCENE ABAUZIT,
Cousin de JEAN-JACQUES, et ci-devant Souverain populaire de Genève, quaand elle était République.

POST-SCRIPTUM.

J'ai dédié au GRAND-HOMME *de seconde origine, un simple Errata Littéraire: s'il trouve la fumée de mon encens fade et inodore, je reparerai mes torts en lui faisant agréer la Dédicace d'un* ERRATA POLITIQUE, *qui embrassera les évènemens mémorables de sa vie publique, depuis la veille du* DIX AOUT 1792, *jusqu'à ce jour; cet encens-là est composé de manière à laisser des traces; et je ne doute pas que la reconnaissance nationale n'en emprunte un jour quelques grains, quand on mettra sa cendre entre Marat et Vialat, dans le Panthéon.*

www.ingramcontent.com/pod-product-compliance
Lightning Source LLC
Chambersburg PA
CBHW060612050426
42451CB00012B/2207